AF370137

Vente du Samedi 5 Février 1870

BELLES AQUARELLES

ET

TABLEAUX MODERNES

AUTRES TABLEAUX

Vendus par suite du Décès de M. le Comte X***

EXPOSITION

Le Vendredi 4 Février 1870, de une heure à cinq heures

Mᵉ CHARLES PILLET
COMMISSAIRE-PRISEUR

M. FEBVRE
EXPERT

PARIS — 1870

RENOU ET MAULDE

IMPRIMEURS DE LA COMPAGNIE DES COMMISSAIRES-PRISEURS

Rue de Rivoli, 144

CATALOGUE

DE

BELLES AQUARELLES

ET

TABLEAUX MODERNES

AUTRES TABLEAUX

Vendus par suite du Décès de M. le Comte X***

DONT LA VENTE AURA LIEU

HOTEL DES VENTES, RUE DROUOT

SALLE N° 3

Le Samedi 5 Février 1870

A DEUX HEURES PRÉCISES

Par le ministère de M⁹ **CHARLES PILLET**, Commissaire-Priseur,
rue de la Grange-Batelière, 10,

Assisté de **M. FEBVRE**, Expert, rue Saint-Georges, 14,

CHEZ LEQUEL SE TROUVE LE PRÉSENT CATALOGUE

EXPOSITION PUBLIQUE

Le Vendredi 4 Février 1870, de une heure à cinq heures

PARIS — 1870

CONDITIONS DE LA VENTE

Elle sera faite au comptant.

Les Acquéreurs paieront, en sus des adjudications, CINQ
POUR CENT, applicables aux frais.

L'Exposition mettant le public à même de se rendre
compte de l'état des Objets, il ne sera admis aucune
réclamation une fois l'adjudication prononcée.

DÉSIGNATION

AQUARELLES

ANDRIEUX

1 — Un Dîner sur l'herbe.

Aquarelle.

2 — Repos après la Chasse.

Aquarelle.

3 — Un petit Crevé d'ennui.

Aquarelle.

4 — Lequel des trois?

Aquarelle.

BARON (HENRY)

5 — Le Repos du modèle.

Aquarelle.

6 — Bal masqué à Venise.

Aquarelle.

7 — Femme juive algérienne arrosant des fleurs.

Aquarelle.

BARON (Henry)

8 — Le Rendez-vous.

Aquarelle.

9 — La Lecture de la Gazette.

Aquarelle.

BEAUMONT (Edouard de)

10 — La bonne Sœur.

Dessin rehaussé.

BELLANGÉ (Hippolyte)

11 — Retour de Chasse.

Mine de plomb.

12 — Têtes d'expression.

Sépia.

BRILLOUIN (Georges)

13 — Une Visite d'amateurs.

Dessin à l'essence.

Salon 1868.

BRISSOT (Félix)

14 — Moutons dans une prairie.

Aquarelle.

15 — Marche d'Animaux, montagne des Pyrénées.

Aquarelle.

16 — Vaches dans une prairie.

Aquarelle.

CHAM

17 — La Chasse au furet.

A la plume.

CICERI (Ernest)

18 — Près Constantinople.

Aquarelle.

COMBA (P.)

19 — Marino Faliero devant le conseil des Dix.

Aquarelle.

DELACROIX (Auguste)

20 — Enfants de Pêcheurs (Boulogne).

Aquarelle.

DELAROCHE (Paul)

21 — Lise, vous ne filez pas.   *(Béranger.)*

Crayon sur papier teinté.

DECAMPS

22 — Le Grand-Père.

Mine de plomb.

DUVIEUX

23 — La Corne d'or (Constantinople); effet de lune.

Dessin à l'essence.

24 — Le Palais des Doges (Venise).

Dessin à l'essence.

25 — Vue du grand Canal (Venise).

Dessin à l'essence.

26 — Le Bosphore; effet de lune.

Dessin à l'essence.

FRÈRE (THÉODORE)

27 -- Intérieur d'un Khan au Caire (Egypte).

Aquarelle.

28 — Plage de Trouville.

Aquarelle.

29 — Caravane (Haute-Egypte).

Aquarelle.

30 — Vue de Tantah (Basse-Egypte).

Aquarelle.

GAVARNI

31 — Les Fiancés écossais.

Aquarelle.

GIRARDET (EDOUARD)

32 — Un Evénement au village.

Aquarelle.

Salon 1869.

GIRARDET (Mme DESCHAMPS)

33 — Environs de Chelles.

Aquarelle.

GUILLEMIN (Alexandre)

34 — La bonne Sœur, scène aragonaise.

Aquarelle.

35 — Femme pyrénéenne et jeune garçon sur une montagne.

Aquarelle.

HOGUET

36 — Paysage avec cours d'eau.

Aquarelle.

ISABEY (Eugène)

37 — Halte de Chasseurs.

Aquarelle.

38 — La Sortie du Palais.

Aquarelle.

39 — Valet retenant des Chiens.

Aquarelle.

JACQUE (Charles)

40 — Mazas.

Crayon rehaussé.

41 — Basse-cour.

Crayon rehaussé.

42 — L'Abreuvoir.

Crayon rehaussé.

43 — Moutons rentrant à la ferme.

Aquarelle.

LESSORE

44 — Nymphe lutinée par les Amours.

Aquarelle.

MARILHAT

45 — Turc fumant, couché sur un divan.

Aquarelle.

MARTIN (Paul)

46 — Marais des Grillons, près Digne.

Aquarelle.

47 — Pins d'Italie, à Cannes.

Aquarelle.

48 — Le Déclin du jour.

Aquarelle.

49 — La Sainte-Beaume (Marseille).

Aquarelle.

NOEL (Jules)

50 — La Roche-Mengaud à Landernau.

Aquarelle.

51 — La Rade.

Aquarelle.

52 — Barque de Pêcheurs; gros temps.

53 — Marée basse; port normand.

Aquarelle.

OUVRIER (Justin)

54 — Sur la route de Bade, cascade de Géroldsan, Suisse.

55 — Saint-Goar, sur le Rhin.

Aquarelle.

PENNE (Olivier de)

56 — Déjeuner de valets de limiers, vénerie impériale.

Aquarelle.

57 — La Vue, relais de chiens anglais.

Aquarelle.

58 — Cour d'un garde, Pointer et Boule-terrier.

Aquarelle

59 — Intérieur de Chenil. Beugles.

Aquarelle.

PILS (J.)

60 — Carabinier en faction.

Aquarelle.

TASSAERT (Octave)

61 — La Lecture en famille.

A la sépia.

TESSON (Louis)

61 — Ruines du vieux Sérail (Alger).

Aquarelle.

62 — Lavoir à Mornai.

Aquarelle.

63 — Arabes en voyage.

Aquarelle.

64 — Enfants de Pêcheurs sur la plage.

Aquarelle.

65 — Marché à Calais.

Aquarelle.

TRAYER (J.)

66 — Étudiant breton.

Aquarelle.

VOILLEMOT (CHARLES)

67 — Néréide poursuivie par l'Amour.

Aquarelle.

68 — Une Erreur.

Aquarelle.

69 — La Joueuse de timpanon.

Aquarelle.

WATELET

70 — Chalet dans la vallée.

Aquarelle.

ZIEM (Félix)

71 — Jean de Paris, forêt de Fontainebleau.

Aquarelle

72 — Campagne de Rome.

Aquarelle.

TABLEAUX

ISABEY (Eugène)

73 — Marine; calme plat.

74 — Plage normande.

Objets vendus par suite du décès de M. le comte de X***

TABLEAUX

COULON (Louis), 1850

75 — La Lune de miel.

DE BLOCK (D'après)

76 — Marine, gros temps.

DILLENS

77 — Baigneuse sur le bord de la mer.

DORCY DE DREUX, d'après WATTEAU

78 — Concert champêtre.

DORCY DE DREUX

79 — Tête de jeune Fille.

FLEURY (ROBERT)

80 — Alchimiste dans son laboratoire.

FOURMOIS (J.), 1851

81 — Paysage avec moulin à eau.

FRANCIA, 1832

82 — Chien de chasse près d'une niche à lapins.

GUDIN, 1840

83 — Navire se perdant près de falaises.

MOER (J.-B. Van), 1853

84 — L'Atelier de l'artiste.

85 — Place de l'Hôtel de Ville (Bruxelles).

86 — Chambre à coucher.

87 — Salon somptueux.

ROQUEPLAN (Camille), 1850

88 — Paysage avec route.

89 — Jeune Fille effeuillant une rose.

Crayon rehaussé.

ROBIE (J.)

90 — Fleurs et accessoires dans un parc.

TERBURG (Gérard)

91 — Portrait de Femme représentée jusqu'aux genoux.

92 — Personnage hollandais représenté jusqu'aux genoux.

WALDORP (Antoine)

93 — Bords de l'Escaut.

ÉCOLE MODERNE D'ANVERS

94 — Famille villageoise dans une chambre rustique.

ÉCOLE FRANÇAISE

95 — Vieillard tenant un pot.

OBJETS DIVERS

96 — Bas-relief en bronze, d'après Clodion : Érection du buste de Priape par des Bacchantes.

97 — Deux Cadres contenant vingt-deux médailles grands et petits bronzes; Hommes célèbres.

98 — Médaillon en plâtre : Louise-Marie d'Orléans, reine des Belges.

99 — Trois Portefeuilles contenant des gravures anciennes et modernes et quelques photographies.

TABLEAUX APPARTENANT A M. D***

ANDRÉ (Jules)

100 — Route au milieu d'une forêt.

BOUCHER (François)

101 — Jeune Femme vue en buste lisant une lettre.

HUET (Jean-Baptiste)

102 — La Fuite en Égypte.

LUMINAIS

103 — La Lecture du Testament; scène bretonne.

VLIEGER (Simon)

104 — Mer houleuse, rade hollandaise; dans le fond, une ville.

VITRINGA

105 — Rade et Port hollandais.

Renou et Maulde, imprimeurs de la Compagnie des Commissaires-Priseurs, rue de Rivoli, 144.   712

9 782329 550169